JE DÉCOUVRE MA COMMUNAUTÉ

Alicia Rodriguez

LA FERME

Un livre de la collection Les racines de Crabtree

CRABTREE
Publishing Company
www.crabtreebooks.com

Soutien de l'école à la maison pour les parents, les gardiens et les enseignants

Ce livre aide les enfants à se développer grâce à la pratique de la lecture. Voici quelques exemples de questions pour aider le lecteur ou la lectrice à développer ses capacités de compréhension. Les suggestions de réponses sont indiquées en rouge.

Avant la lecture

- De quoi ce livre parle-t-il?
    - *Je pense que ce livre parle de ce que je peux voir à la ferme.*
    - *Je pense que ce livre parle de différents types de fermes.*

- Qu'est-ce que je veux apprendre sur ce sujet?
    - *Je veux savoir quels types d'animaux vivent dans les fermes.*
    - *Je veux apprendre à quoi ressemble une ferme.*

Pendant la lecture

- Je me demande pourquoi...
    - *Je me demande pourquoi les plants de maïs poussent en rangs.*
    - *Je me demande pourquoi les agriculteurs utilisent des tracteurs.*

- Qu'est-ce que j'ai appris jusqu'à présent?
    - *J'ai appris que les cultures poussent dans les champs.*
    - *J'ai appris que les poules pondent des œufs dans les fermes.*

Après la lecture

- Nomme quelques détails que tu as retenus.
    - *J'ai appris que les agriculteurs utilisent des tracteurs.*
    - *J'ai appris qu'il y a beaucoup choses à voir à la ferme.*

- Lis le livre à nouveau et cherche les mots de vocabulaire.
    - *Je vois le mot* ***champ*** *à la page 8 et le mot* ***tracteur*** *à la page 10. Les autres mots de vocabulaire se trouvent à la page 14.*

Allons faire une promenade à la ferme.

Les vaches donnent du lait.

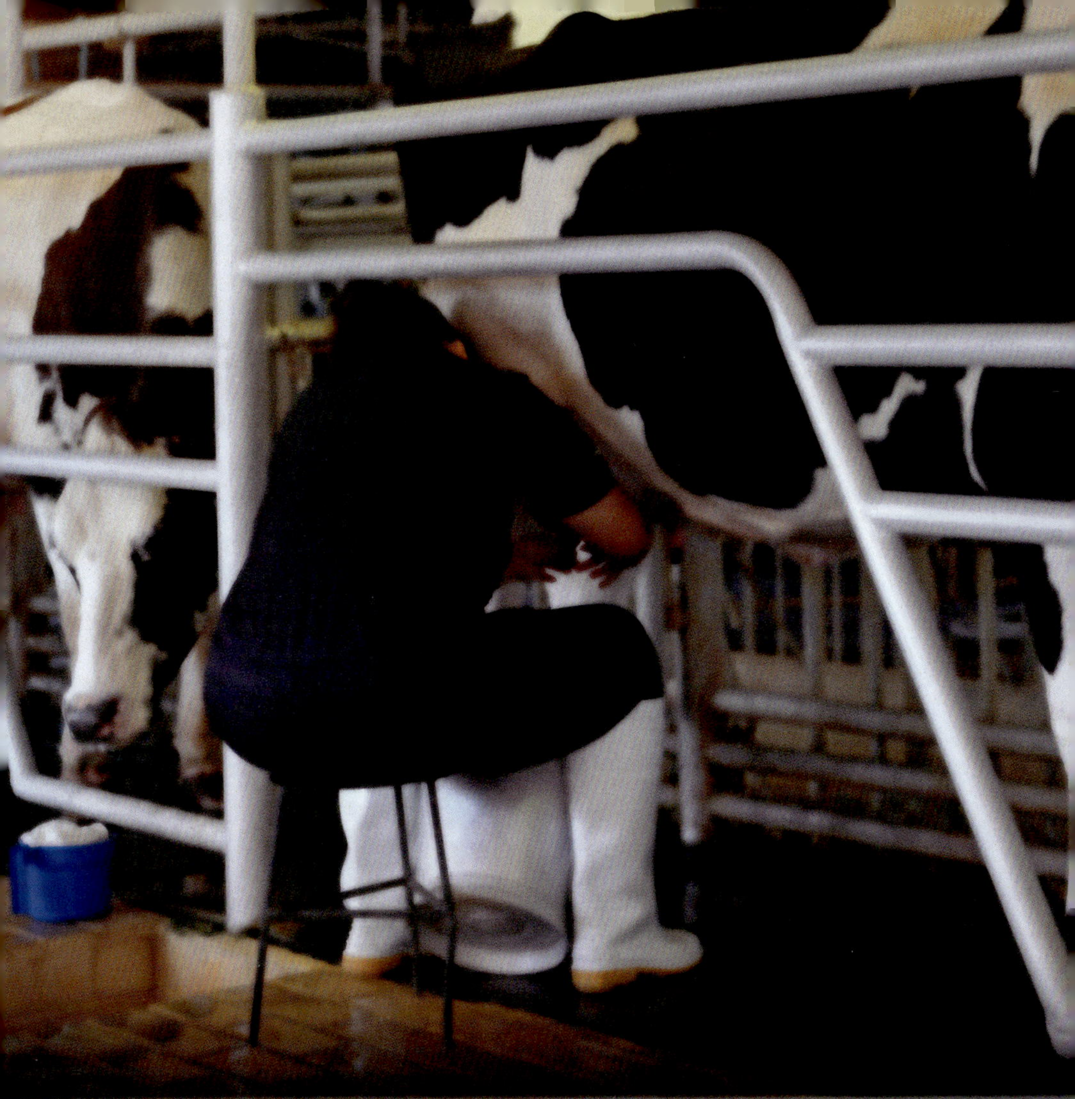

Les poules pondent des oeufs.

Regarde le maïs
dans le **champ**.

Il y a aussi des **plants de tomates**.

L'agriculteur utilise un **tracteur**.

Les ouvriers
font la **récolte**.

Il y a tellement de choses à voir à la ferme!

Liste de mots

Mots courants

à
agriculteur
allons
aussi
dans
donnent
faire
ferme
font
il y a
la
lait
les
maïs
oeufs
ouvriers
poules
promenade
récolte
regarde
tellement
une
vaches
voir

La boîte à mots

champ

plants de tomates

récolte

tracteur

51 mots

Allons faire une promenade
à la ferme.

Les vaches donnent du lait.

Les poules pondent des oeufs.

Regarde le maïs dans le
champ.

Il y a aussi des **plants de
tomates**.

L'agriculteur utilise un **tracteur**.

Les ouvriers font la **récolte**.

Il y a tellement de choses
à voir à la ferme!

CRABTREE
Publishing Company

Je découvre ma communauté

Alicia Rodriguez

LA FERME

Autrice : Alicia Rodriguez
Conception : Rhea Wallace
Développement de la série :
James Earley
Correctrice : Janine Deschenes
Conseils pédagogiques :
Marie Lemke M.Ed.
Traduction : Annie Evearts
Coordinatrice à l'impression :
Katherine Berti
Références photographiques :
Shutterstock : David Orcea : couverture (haut gauche); Layue : couverture (haut droite); MaxyM : couverture (bas); Fred Cardoso : p. 3; Yanawut.S : p. 4-5; Matusciac Alexandru : p. 8, 14; Fotokostic : p 9, 14; Vevchic : p. 10, 14; Spain : p. 11, 14; SGR : p. 13

Crabtree Publishing Company
www.crabtreebooks.com 1-800-387-7650

Au Canada : Nous reconnaissons l'appui financier du gouvernement du Canada par l'entremise du Fonds du livre du Canada pour nos activités de publication.

Publié aux États-Unis
Crabtree Publishing
347 Fifth Avenue
Suite 1402-145
New York, NY, 10016

Publié au Canada
Crabtree Publishing
616 Welland Ave.
St. Catharines, Ontario
L2M 5V6

Imprimé au Canada/072021/CPC

Catalogage avant publication de Bibliothèque et Archives Canada

Titre: La ferme / Alicia Rodriguez ; texte français d'Annie Evearts.
Autres titres: Farm. Français
Noms: Rodriguez, Alicia, auteur.
Description: Mention de collection: Je découvre ma communauté | Collection Crabtree "Les racines" | Traduction de : Farm.
Identifiants: Canadiana (livre imprimé) 20210256702 | Canadiana (livre numérique) 20210256745 | ISBN 9781039604995 (couverture souple) | ISBN 9781039605053 (HTML) | ISBN 9781039605114 (EPUB) | ISBN 9781039605176 (livre numérique avec narration
Vedettes-matière: RVM: Exploitations agricoles—Ouvrages pour la jeunesse.
Classification: LCC S519 .R6314 2022 | CDD j630—dc23